진실의 흔적

10

진실의 흔적

초판 1쇄 발행 2025년 06월 05일

지은이 이세영
펴낸이 장현수
펴낸곳 북메이트
출판등록 제 25100-2022-000042호

디자인 최미영
편집 최미영
교정 안지은
마케팅 김소형

주소 서울특별시 구로구 경인로 661, 101-914호
전화 02-2135-5086
팩스 02-2135-5087
이메일 making_books@naver.com

ISBN 979-11-987438-2-4(03250)
값 16,800원

ⓒ 이세영 2025 Printed in Korea

잘못된 책은 구입하신 곳에서 바꾸어 드립니다.
이 책의 전부 또는 일부 내용을 재사용하려면 사전에 저작권자와 펴낸곳의 동의를 받아야 합니다.

> 북메이트는 저자님의 소중한 투고 원고를 기다립니다.
> 출간에 대한 관심이 있으신 분은 making_books@naver.com로 보내 주세요.

진실의 흔적

ㅣ ㅇ

이세영 지음

Book mate

들어가는 말

이 글을 읽기 전에 우리는 우리말, 우리 민족의 특수성이 존재하는 사실을 인지하고 열린 마음으로 읽어주길 바란다.

우리 민족은 수천년간 한자 문화권에 있어 모든 말이 한자화되는 과정에서 본 뜻을 지키지 못할 수밖에 없었다.

우선 사람이라는 말을 알아보겠다.

사람이라는 말은 한자화되어 인간이라고 알고 있는데 반은 맞고 반은 틀렸다.

왜냐하면 인간은 우리말에 의하면 사람과 놈으로 구성되기 때문이다.

현재 우리가 쓰는 말을 곰곰이 생각하면 답이 나올 것이다.

나쁜놈, 도둑놈, 못된놈 등으로 사람되지 못한 인간들은 여전히 놈으로 부른다.

여기서 못된놈이란 말은 사람이 못된놈이란 소리다.
그렇다. 사람은 되어지는 것이다.
해서 우리가 사람이라는 말을 쓰는 경우를 보면 사람 되긴 글렀군. 사람되었네. 사람답다. 참된 사람 등으로 주로 되어가는 경우다.
그럼 진정 사람의 뜻은 무엇일까?
成人(성인), 仙人(선인), 神人(신인)을 말한다.
다시 말하면 참된 사람을 뜻한다.

우리 민족은 우수하다. 정의롭다. 선하다.
사람이 많고 놈이 적기 때문이다.
혹자는 우리 민족은 천손민족이라 한다.
사람의 피를 갖고 태어났단 말이다.
하지만 동시에 놈의 피도 있다.

다시 말하면 우리는 놈과 사람의 혼혈이다.
그래서 잠재적으로 기어이 사람되기를 원했다.
그래서 수행을 하고 신앙생활을 하는 것이다.
사람이 되는 길은 진정한 삶을 알아야 한다.
그렇다 사람이란 삶앎이다.

우리가 살아가는 데 국가적, 사회적, 가족간
심지어 개인 자체로써 갈등, 분쟁, 시비로
시달리는 원인은 놈과 사람을 동시에 갖고 있기 때문이다.
놈들의 특징은 탐욕이다.

다음 말로는 하늘이란 아름다운 말이 있다.
하늘의 뜻은 정확히 현재 쓰이는 우주라는 단어다.
말의 어원을 보면 한울에서 하눌에서
하늘로 화했다.

자, 이제 본론으로 들어가자.

진실의 흔적

진실의 흔적

목 차

❖❖❖

011   1장. 서론

023   2장. 천부와 아라비아 숫자의 비밀

027   3장. 천부와 알파벳의 비밀

033   4장. 천부와 단군신화

039   5장. 고운의 천부경

진실의 흔적

1장

서론

하늘에는 법칙이 있다.
해서 나온 말이 우주법칙, 자연법칙, 천지도수,
천주섭리 등이 있다. 무언가 비밀이 있다.
이 비밀법칙을 밝혀보겠다.
하늘에는 양과 음이 있다.
양과 음이 만나면서 발생하는 과정을 그려보자.
잠시 '주역'의 논리를 빌려서 설명하겠다.
양과 음이 만나면 양의, 사상, 팔괘가
발생한다.

주역에는 양은 — 음은 — —
로 표기하므로 일단 그대로
그려보겠다.

이것을 사상이라 한다.

이제 본론으로 들어가겠다.

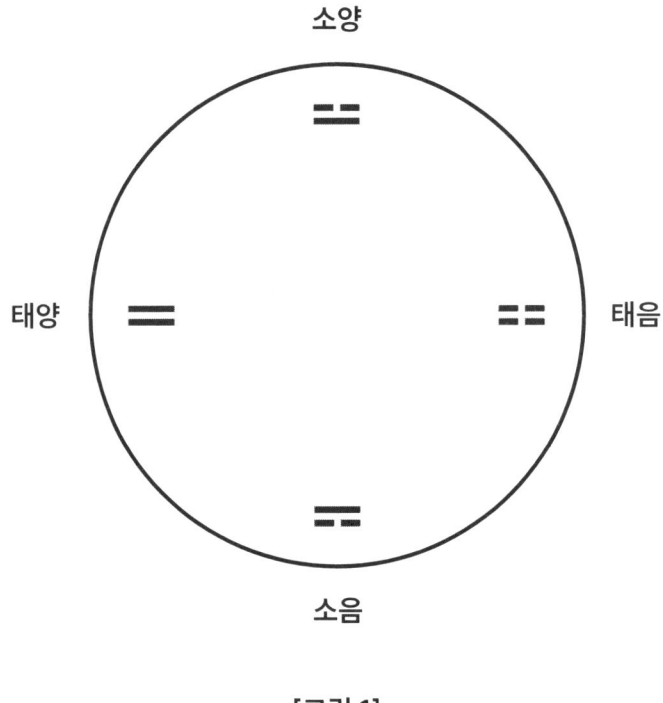

[그림 1]

이제 양과 음의 실체를 파헤쳐보자.
양음을 +, -로 표기한다.
또 주역에서는 -, --로 표기하며
일양이음이라는 큰 실책을 저질렀다.
분명 양은 곧으며 직(直)이라 하였고
음은 둥글며 곡(曲)이라 하였다.

진정한 양은 ㅣ이며
진정한 음은 O이다.

양과 음도 한자어인데 우리말로 찾아보자.
ㅣ은 하나이고 O은 님이다.
한자화 과정에서 하나는 양(陽)으로 님은 음(陰)으로 화했다.
그렇다. 하나님은 양음이며 ㅣO이며
ㅣO은 +이다. 또 태극이라는 말도 쓰인다.
이제부터 하나님 조화를 살펴보자.
하나님 조화란 ㅣ과 O이 만나서 이루는 조화이다.
전장에서 그렸던 사상이라는 소양, 소음.
태양, 태음을 ㅣ과 O으로 그려보자.

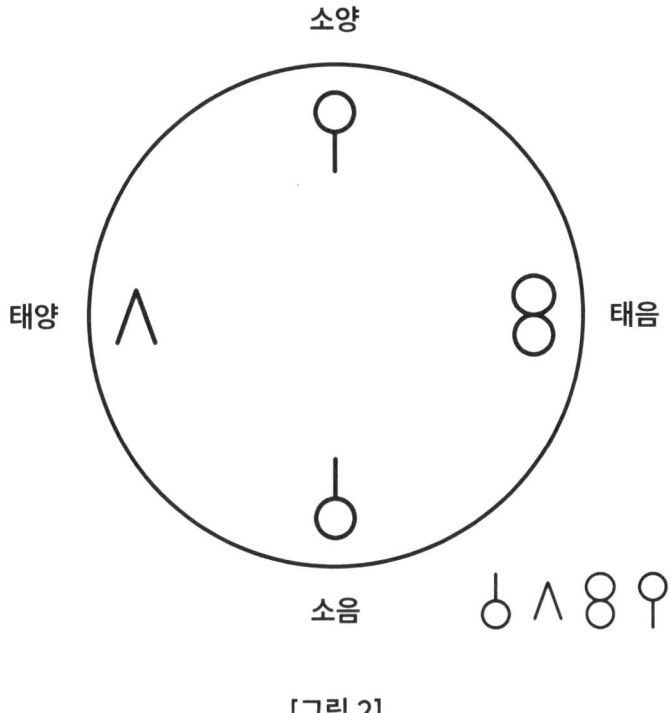

[그림 2]

앞의 주역식 사상 표기를 올바르게 l과 O으로 표기하였다.
그림과 같이 4개의 부호가 탄생하였다.
하늘에는 양과 음의 세계가 있는데
이 도표는 양의 세계를 그린 것이다.
양의 세계란 현상계, 물질계의 세계로
발산하는 성질을 가지고 있다.

그러면 이제 음의 세계로 들어가 보자.

음의 세계는 정신계, 영계, 신계가 있는데
이는 수렴하는 세계이다.
이들 또 도표로 표기하겠다.
임의 세계는 수렴하는 세계이므로 |과 ○을
표기함에 있어 |은 반을 꺾어 ㄴ 또는 ㄱ으로
표기하고 ○은 반을 잘라 ▶로 표기한다.

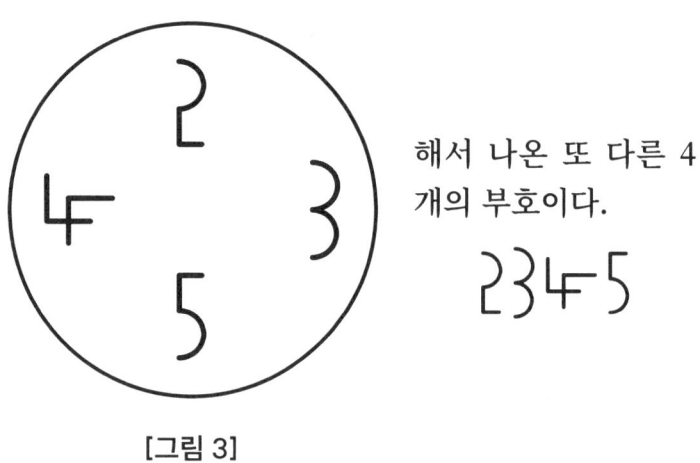

해서 나온 또 다른 4개의 부호이다.

[그림 3]

|과 ○으로만 만들어진 결과물이다.
이 두 결과물을 합해 보겠다.
음의 세계는 수렴하는 세계이므로 안에다 배치하고
양의 세계는 발산하는 세계이므로 밖에다 배치하였다.

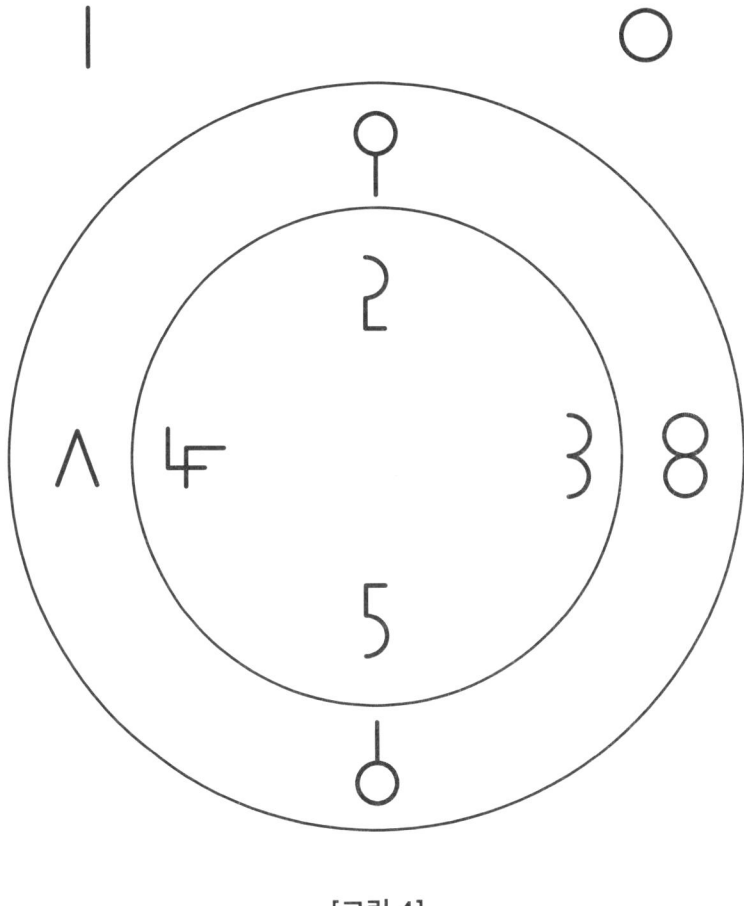

[그림 4]

l과 O을 포함해 8개의 부호가 탄생하였다.
8개의 부호조차도 l과 O을 벗어나지 못했다.
이 도표는 우리 민족이 그토록 염원하고 기다렸던
천부이다. 하늘에서 내려받은 부호이다.
이 천부로 인해 현생 인류는 문명이란 것을
접하게 되었다. 모든 학문 즉 수학, 과학
철학, 점성학 등의 시발점이다.

8괘에서 주역이 나왔으며
현재 우리가 사용하는 아라비아 숫자가 나왔고
심지어 영어 알파벳이 나왔다.
이제 하나하나 천부 속으로 들어가보자.
고운의
천부경에 대해서는 말미에 해설하겠다.

이 부호가 세상에 드러나면
그때 봉인이 풀리며
내가 부활하리라.

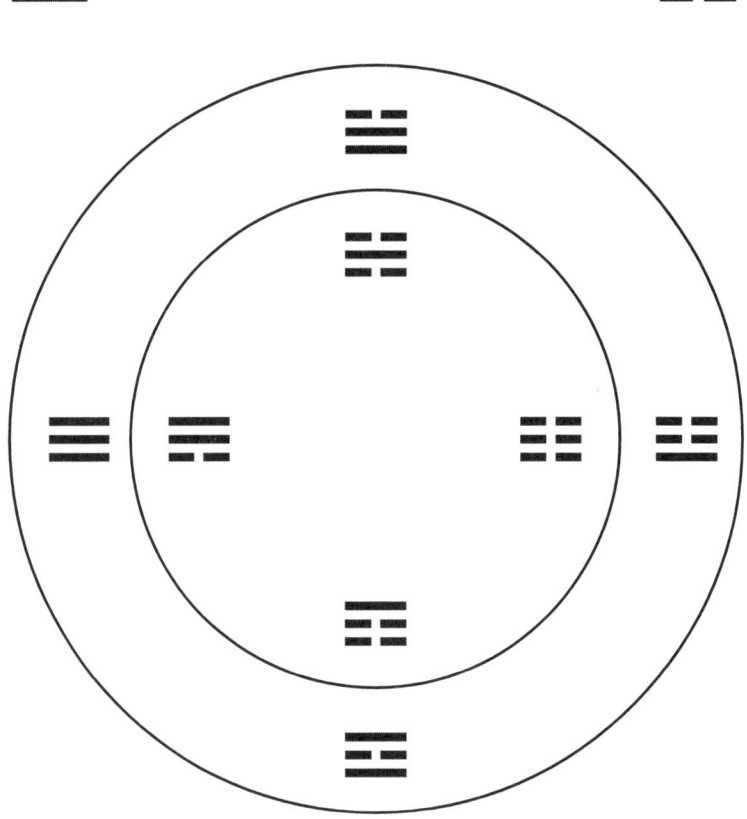

이 도표는 천부의 ㅣㅇ 부호를 - --로 표기한 것이다.
사실 주역의 뿌리는 천부이다.
천부의 맥이 끊긴 상태에서 천부의 모사품으로
하도라는 것을 탄생시켜 이어온 학문이 주역으로
발전하였다. 그러므로 주역에는 오류가 많다.
하도와 천부를 비교하면 알 것이다.

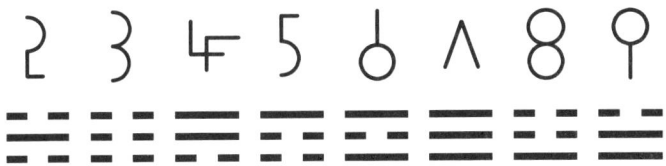

일단 상수에 오류가 있고 일양이음의 논리도
틀렸고 하늘과 땅이 만나 3남 3녀를 낳았다는
이론은 하나님 (ㅣㅇ)이 4남 4녀를 낳았다는
논리가 적당하다.
주역은 많은 연구가 필요하다.

진실의 흔적

2장

천부와 아라비아 숫자의 비밀

이미 눈치채셨겠지만
이 천부로 인해 아라비아 숫자가
탄생했다. 엄밀히 말하면 힌두 아라비아 숫자
라고 해야 옳다. 왜냐하면 이 숫자는 힌두 지역에서
발생하여 아라비아인들을 통해 서양으로 들어갔기
때문이다.
자 그럼 숫자의 탄생 과정을 살펴보자.
다시 말하자면 양의 세계 수리는 발산하는 수리다.
커지는 수리란 말이다.
양의 수리는 6∧89 뿐인데 그래서 음의 수리
2345를 빌려서 양의 수리를 완성하고
또 음의 수리는 양의 수리를 빌려서 음수리를
완성했다. 여기서 음의 수리는 하나 즉 I미만의
수리를 말한다. 다시 말해 소숫점을 사용하는 수리
이다.
즉 O에서 I까지의 수리를 말한다.
해서 양수리와 음수리를 같이 사용한다.
비로소 IO수리가 탄생하였고 드디어 IO진법을
쓰게 되었다.

I 2 3 4 5 6 ∧ 8 9 O

이 IO개의 부호가 아라비아 숫자의 원형이다.

이 숫자는 하늘에서 내려준 숫자다.
근데 이 10수리가 힌두지역에서 발생했을까?
그것은 천부의 주님께서 도를 전파하면서
흔적을 남기신 것이다. 힌두 불교는 이렇게 탄생했다.
천부의 주님은 누구일까?
바로 천수천안 관세음보살님이시다.

그대들의 형제는
나의 형제이니
그대들은 나의 형제이니라.

천부와 알파벳의 비밀

1 2 3 4 5 6 7 8 9 0

A B C D E F G H I
J K L M N O P Q R
S T U V W X Y Z

위의 알파벳 문자를 살펴보면
이 알파벳 문자가 이 천부의 문자를
참고한 듯 보이지만 실상 참고가 아니라
완전히 천부 즉 음양논리로 만들어졌다.
그럼 이 알파벳이 어떻게 만들어졌는지를
재현해 보겠다.

A B C D
E F G H
I T K L M N
O P Q R S J
U V W X

이 문자를 만들었던 당시의 모양이다.

5개의 모음 A E I O U를
주장으로 하여 배치하였다.
Y Z는 후세에 붙여졌고
어떤 연유로 인해 T와 J가 바뀌었고
M의 원형은 ᗰ (13번째)
W의 원형은 ɯ 이다.

다시 그려보겠다.

A B C D
E F G H
I T K L ᗰ N
O P Q R S J
U V ɯ X

이 문자를 분석해 보겠다.
보시다시피 ㅣ과 O으로 만들어졌다.
직선은 양이고 곡선은 음이다.
12개의 양과 12개의 음으로
합해서 24자로 완성되었다.
A 는 천부의 양의 세계 태양(∧)으로
　　으뜸을 차지하고
X 는 천부 음의 세계 태양(ㄴㅏ)으로
　　마무리하였다.
특히 I T K L M N 의 모두 양
　　　O P Q R S J 의 모두 음
으로 배열하여 ㅣO (하나님)을 강조했다.
이 문자는 천부에서 나왔으며 오늘을
위하여 천부의 흔적을 남기고자 함이 녹아 있다.
이 문자는 한 사람에 의해 만들어졌다.
누군가 천부에 대해 확실하게 알고 있는 사람
그 사람은 모세뿐이다.

모세가 시내산에서 40일간 머무르면서
여호와님으로부터 이 천부를 내려받고
천부에 대해 가르침을 받았다.
여러분들이 알고 있는 ㅣㅇ계라는 것이
사실 이 천부이다.

기독교, 가톨릭, 유대교, 이슬람교에서
성모님에 대한 오해가 있기에 여기서 밝히겠다.
제발 열린 마음으로 읽어주기 바란다.
마리아는 예수의 육친 어머니이시니 공경의
대상이 되신 신앙의 대상은 마땅히
예수의 영적 어머니 즉 본주어머니이신
여호와님을 성모님으로 모셔야 한다.
여러분께 발현하시는 성모님은 곧 여호와님
이시다. 동시에 관세음보살님이시다.
한 분이시다. 천부의 주님이시다.

진실이 밝혀지면
분쟁은 사라진다

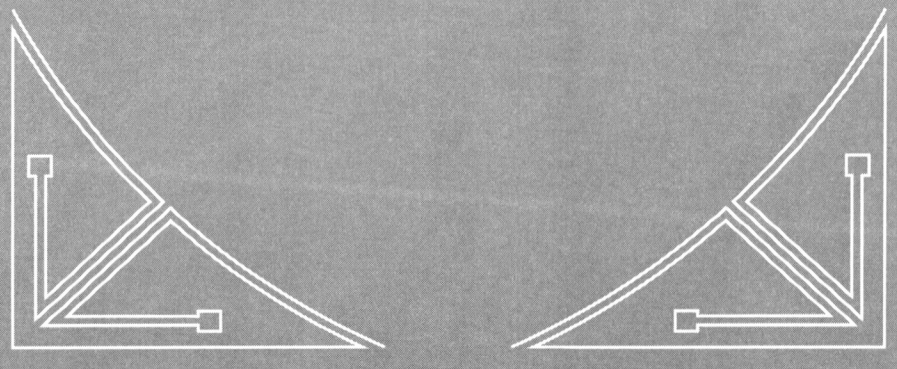

4장

천부와 단군신화

여기서 왜 엉뚱하게 단군신화가 등장할까?
사실 『삼국유사』에 나오는 곰과 호랑이 이야기는
단군과 관계가 없다. 식민사관에 의해 여러 형태로
진실을 부정하게 만들어진 결과이다.
이 이야기는 단군 수천 년 전의 사건이다.

자, 그럼 당시로 들어가보자.
다음의 몇 단어만 있으면 된다.
웅호(熊虎), 천인(天人), 웅녀(熊女), 동굴, 100일,
21일.
쑥과 마늘.

웅호는 당시의 두 종족이다.
    문명을 모르는 미개인이다.
    곰놈과 범놈이 있었는데
    곰놈은 검은 머리에 검은 눈동자를 갖고 있고
    범놈은 노랑 머리에 푸른 눈동자를 가졌다.

천인이란 고도의 문명인으로 완성된 인간이며
    스스로 사람이라 칭했다.
    여기서 이 시기에 어떻게 이런 존재가 있느냐는
    질문에는 때가 되면 스스로 알지라.

웅녀
　곰놈 중에 해와라는 처녀가 있었는데
　그녀는 사람 되기를 원했다.
　사실 해와는 탄생의 비밀을 가지고 있다.
　하늘의 기를 받아 태어났다.

쑥과 마늘
　쑥이란 맛, 색상, 형태, 성질 등 모두
　양(ㅣ)을 대표하는 식물이고
　마늘은 역시 맛, 색상, 형태, 성질 등
　모두 음(ㅇ)을 대표한다.

이제 슬슬 눈치채셨을 것이다.
동굴에서 100일간 수행하면 사람이 된다는데
해와님은 하늘의 기운을 받아 쑥과 마늘을
가지고 모든 관문을 통과하여 천부를 내려받아
그려내어 21일 만에 통달하여 사람이 되었다.
이는 역사적·종교적으로 대사건이다.
이로써 천부가 탄생하였고 천부의 주님이 탄생하였다.

중략하고 후에 마고시대를 거쳐서
스스로 봉인하고 신이 되셨다.
마고님, 여호와님, 관세음보살님
모두 하나의 님이시다.
현생 인류의 하나님이시다.
이로써 모든 종교의 뿌리가 하나임이 여실히 드러났다.
모든 종교의 가르침은 하나, 곧 참사람이 되는 것이다.
이제 봉인이 풀렸으니 밖으로는 우주의 비밀과
안으로는 신계의 비밀이 서서히 밝혀지리라.

대물림의 시대는 지나갔다.

정화의 시대다

아리랑 고개로 넘어간다.
ㅣㅇ(하나님)을 버리고 가시는 님은
ㅣㅇ(十)리도 못 가서 발병난다.

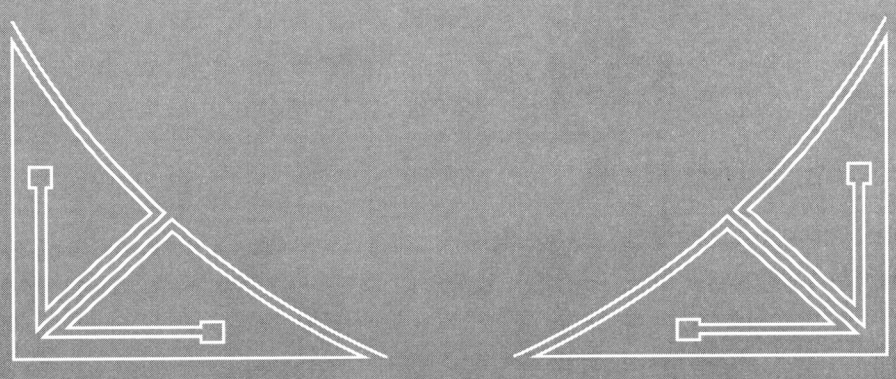

진실의 흔적

5장

고운의 천부경

天符經

一始無始一析三極無(일시무시일석삼극무)
盡本天一一地一二人(진본천일일지일이인)
一三一積十鉅無匱化(일삼일적십거무궤화)
三天二三地二三人二(삼천이삼지이삼인이)
三大三合六生七八九(삼대삼합육생칠팔구)
運三四成環五七一妙(운삼사성환오칠일묘)
衍萬往萬來用變不動(연만왕만내용변부동)
本本心本太陽昂明人(본본심본태양앙명인)
中天地一一終無終一(중천지일일종무종일)

一始無始
일시무시
一析三極無盡本
일석삼극무진본
天一一地一二人一三
천일일지일이인일삼
一積十鉅無匱化三
일적십거무궤화삼
天二三地二三人二三
천이삼지이삼인이삼
大三合六生七八九
대삼합육생칠팔구
運三四成環五七
운삼사성환오칠
一妙衍萬往萬來用變不動本
일묘연만왕만내용변부동본
本心本太陽昂明人中天地一
본심본태양앙명인중천지일
一終無終一
일종무종일

최치원의 천부경

이 천부경을 많은 사람들이 풀어보려 해도
못 푼 이유는 너무 철학적으로 해석하려고
하고 있기 때문이다.
물론 이 속에 심오한 뜻이 숨어있지만
경의 내용을 보면 ㅣ○ 수리가 어떻게 완성되었나를
증명하고 있다.
자 이 81부경을 풀어보겠다.

일시무시
한자에는 O이 없다.
여기서 무는 O이다.
O과 l과의 관계다.
해서 l은 O에서 시작했다.

1석 3극 무진본
말 그대로 1을 3으로 나누면 결과는 3, 나머지 1이다.
즉 1÷3 = 3…1(소수점은 생략)
이 나머지 1을 다시 3으로 나누면 또 나머지가 1
이 1을 또 3으로 나누면 또 나머지가 1이니
이를 반복하면 무진본이다. 여기서 본은 1의 근본이다.

천일일지일이인일삼
천지인은 특별한 뜻이 없다. 단지
천은 첫 번째 지는 두 번째 인은 세 번째이다.
천일 지일 인일의 일은 (여기서 **1양 2음의
논리가 적용되어**) 양을 뜻한다. 양은 발산하는
성질을 가지고 있는, 즉 커지는 수리다.
해서 첫 번째 양수리는 1이고
두 번째 양수리는 2
세 번째 양수리는 3이란 말이다
(계속 가면 4 5 6 7 8…)

1적십거무궤화3
여전히 1 나누기 3을 설명한다.
전에는 나머지 1에 대한 설명이었고
지금은 우리가 수학에서 말하는 답을 설명한다.
즉 1 나누기 3을 하는데 답을 구하기 위해
1에다 0을 더해서 10을 만들어서
수리를 계산한다. 즉 1÷3 = 0.3333…
이란 뜻이다.

천이삼지이삼인이삼
윗 문장과 바로 연결된다.
다시 1양 2음의 논리가 적용되어
2는 음을 뜻한다. 수렴하는 수리다.

해서 첫 번째 음수리는 3 (0.3)
　　　두 번째 음수리는 3 (0.03)
　　　세 번째 음수리는 3 (0.003)

대삼합 6생 789
대삼합은 1나누기 3의 3과
음수리 3을 곱한 값은 9이다.
6생 789는 과정을 그렸다.

운34성환57
$$3 \times 4 = 5+7$$
곧 12를 뜻하며 원을 완성하는 수리다.

1묘연 만왕만래 용변부동본
1이란 수리는 묘한 수리로 아무리 곱하거나
나누어도 변화가 없으며
또 1이란 수리는 0.1이나 0.01이나
10이나 100이나 1의 본은
변화가 없다.

본심본태양앙명인중천지일

하나님 마음과 하나님 빛을 가진 높고 밝은 사람 가운데 천지의 한 사람.

일종무종일
　│종 ○종 │

　│은 ○에 다다르면
　│○(十)에 이르고
　이 │○(十)은 다시 새로운 1로 귀결한다.

이는 하늘의 수리 十진법을 증명하는
내용이다.
천부경은 곧 十수리라는 흔적을 남겼다.

│○은 양음이다
│○은 하나님이다
│○은 태극이다
│○은 十(십)이다

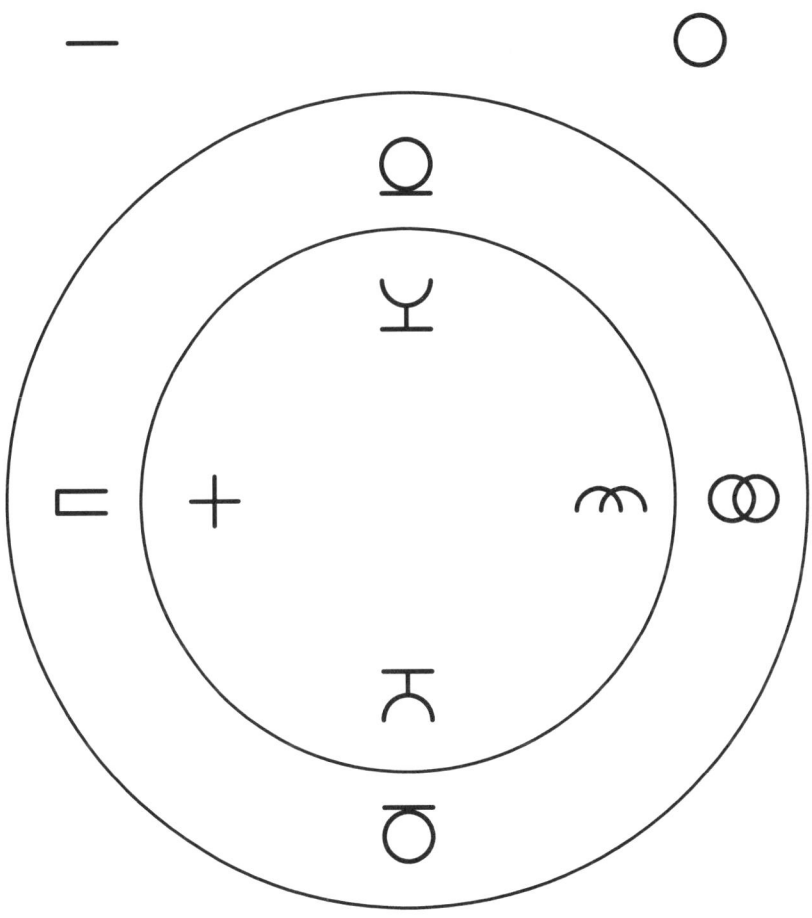